Mein Glückscoach

Werde deine beste Version

von

MaLo Erpen

©2018 MaLo Erpen

Umschlag, Illustration: MaLo Erpen
Verlag & Druck: tredition GmbH, Hamburg

Alle Rechte vorbehalten.
ISBN:
978-3-7482-0079-6 (Paperback)
978-3-7482-0080-2 (Hardcover)
978-3-7482-0081-9 (e-Book)

www.coachdichgluecklich.ch

WORUM GEHT ES?

Dieser undatierte Glückscoach führt dich in 28 Tagen zu deiner besten Version. Achtsamkeit weckt und stärkt die heilenden und wissenden Anteile in dir. Deine Einstellung dem Leben gegenüber verändert sich.

Ganz bewusst habe ich die Gestaltung einfach gehalten. Es sind deine Glücksmomente und Erfahrungen, die diesem Buch die Farbe und die Seele geben. Wenn möglich arbeite diese ersten 28 Tage regelmässig mit deinem Glückscoach.

- *Du wirst **selbstbewusster.***
- *Du lernst mehr zu **geniessen.***
- *Du fühlst eine grössere **Dankbarkeit.***
- *Du kannst dein Leben wieder ins **Gleichgewicht** bringen.*
- *Er hilft dir, deine **wichtigsten Herzensprojekte** einfach und effektiv zu erreichen.*
- *Du lernst deine **innere „Welt"** kennen.*
- *Du lebst bewusster im **HIER und JETZT.***
- *Du wirst **ausgeglichener.***

Der Schlüssel bei deiner Planung

liegt nicht darin,

Prioritäten für das zu setzen,

was auf deinem Terminplan steht,

sondern Termine für deine Herzensprojekte

festzusetzen.

unbekannt

MEIN GLÜCKSCOACH

„Mein Glückscoach" ist kein Zeitmanagement-Buch im eigentlichen Sinn! Es soll vielmehr helfen, dich wieder mit deiner eigenen, persönlichen Lebensphilosophie zu verbinden.

MEIN TAGESMOTTO

Worauf richtest du heute deine Aufmerksamkeit? Wenn du magst, kannst du dir täglich oder wöchentlich ein Motto notieren und danach leben. Am Ende des Büchleins findest du einige Beispiele.

MEINE HERZENSPROJEKTE

Der Terminkalender ist vielfach prall gefüllt mit Verpflichtungen und Terminen. Es bleibt meistens kaum Zeit, uns mit Dingen und Menschen zu beschäftigen, die uns am Herzen liegen.
In den Monatsplan darfst du dir deine Herzensprojekte notieren. Damit hast du sie immer im Blick.

Vielleicht möchtest du schon lange einen lieben Menschen anrufen oder einen Abend mit Freunden verbringen. Es kann ein Kinobesuch sein oder deine durstigen Blumen brauchen schon lange Wasser. Wolltest du immer schon eine neue Sprache lernen? Vielleicht wünschst du dir aber einfach Qualitätszeit nur mit dir. Ein Spaziergang oder ein duftendes Schaumbad....

Alles Dinge, die du immer wieder auf einen späteren Zeitpunkt verschiebst – und vielleicht nie erledigst.

Immer wenn dir ein Herzensprojekt einfällt, fügst du es zu deiner Liste hinzu.

MEINE DREI PRIORITÄTEN

Täglich darfst du dir **3 Herzensprojekte** aus deinem
Wochenplan notieren. Nimm dir nicht zu viel vor, sonst läufst
du Gefahr, dich wieder im Chaos zu verlieren.

Die «**3-Herzensprojekte-Regel**», hilft dir Ausgeglichenheit in
Beruf, Familie und Freizeit zu finden – und alles mit einer
spielerischen Leichtigkeit.

Grosse Projekte brichst du auf kleine Teilaufgaben herunter.
Wer Prioritäten setzt, richtet sich bewusst auf ein Ziel aus. Mit
Leidenschaft, Energie und Fokus erreichst du am Ende das Ziel
mit Leichtigkeit.

MEINE DANKBARKEIT

Dankbarkeit ist eine Lebenshaltung und einer der vielen
Schlüssel zum Glück. Dankbarkeit, die von Herzen kommt,
verändert dein Leben. Sie beeinflusst jeden Lebensbereich und
ist der richtige Weg zu mehr Lebensfreude, Zufriedenheit,
Wertschätzung, Erfolg und Achtsamkeit.

MEIN ABSOLUTER GLÜCKSMOMENT

Täglich erleben wir viele kleine und grosse Glücksmomente.

Diese Momente, die einfach gut sind, die ein Gefühl der

Zufriedenheit auslösen, sind oft so flüchtig, wie der Hauch des

Windes. Meistens vergessen wir sie sehr schnell wieder oder

nehmen sie nicht einmal mehr richtig wahr. Bleib aufmerksam

und sammle diese wunderbaren Glücksmomente.

Notier dir täglich diese wertvollen Begebenheiten, Situationen,

Begegnungen usw. auf. Je aufmerksamer du wirst, desto

bewusster erlebst du diese Glücksmomente.

WERDE

DEINE BESTE

VERSION

1. Woche

Meine Herzensprojekte

für diese Woche

_____

_____

_____

_____

_____

_____

_____

_____

_____

_____

_____

_____

_____

_____

_____

_____

Dass Tage unseres Lebens glücklich waren, merken wir erst,

nachdem sie unglücklichen Platz gemacht haben.

Arthur Schopenhauer

TAG 1

Mein Tagesmotto

Meine 3 Herzensprojekte

1.

2.

3.

Meine Dankbarkeit

Dafür bin ich heute besonders dankbar, weil...

_____

_____

_____

_____

_____

Mein besonderer Glücksmoment

_____

_____

_____

_____

_____

TAG 2

Mein Tagesmotto

Meine 3 Herzensprojekte

1.

2.

3.

Meine Dankbarkeit

Dafür bin ich heute besonders dankbar, weil...

_____

_____

_____

_____

_____

Mein besonderer Glücksmoment

_____

_____

_____

_____

_____

TAG 3

Mein Tagesmotto

Meine 3 Herzensprojekte

1.

2.

3.

Meine Dankbarkeit

Dafür bin ich heute besonders dankbar, weil...

_____

_____

_____

_____

_____

Mein besonderer Glücksmoment

_____

_____

_____

_____

_____

TAG 4

Mein Tagesmotto

Meine 3 Herzensprojekte

1.

2.

3.

Meine Dankbarkeit

Dafür bin ich heute besonders dankbar, weil...

_____

_____

_____

_____

_____

Mein besonderer Glücksmoment

_____

_____

_____

_____

_____

TAG 5

Mein Tagesmotto

Meine 3 Herzensprojekte

1.

2.

3.

Meine Dankbarkeit

Dafür bin ich heute besonders dankbar, weil...

_____

_____

_____

_____

_____

Mein besonderer Glücksmoment

_____

_____

_____

_____

_____

TAG 6

Mein Tagesmotto

Meine 3 Herzensprojekte

1.

2.

3.

Meine Dankbarkeit

Dafür bin ich heute besonders dankbar, weil...

_____

_____

_____

_____

_____

Mein besonderer Glücksmoment

_____

_____

_____

_____

_____

TAG 7

Mein Tagesmotto

Meine 3 Herzensprojekte

1.

2.

3.

Meine Dankbarkeit

Dafür bin ich heute besonders dankbar, weil...

_____

_____

_____

_____

_____

Mein besonderer Glücksmoment

_____

_____

_____

_____

2. Woche

Meine Herzensprojekte

für diese Woche

_____

_____

_____

_____

_____

_____

_____

_____

Der Mensch ist unglücklich, weil er nicht weiss, dass er glücklich

ist. Nur deshalb. Das ist alles! Wer erkennt, der wird gleich

glücklich sein, sofort, im selben Augenblick

Fjodor M. Dostojewski

TAG 1

Mein Tagesmotto

Meine 3 Herzensprojekte

1.

2.

3.

Meine Dankbarkeit

Dafür bin ich heute besonders dankbar, weil...

_____

_____

_____

_____

_____

Mein besonderer Glücksmoment

_____

_____

_____

_____

_____

TAG 2

Mein Tagesmotto

Meine 3 Herzensprojekte

1.

2.

3.

Meine Dankbarkeit

Dafür bin ich heute besonders dankbar, weil...

_____

_____

_____

_____

_____

Mein besonderer Glücksmoment

_____

_____

_____

_____

_____

TAG 3

Mein Tagesmotto

Meine 3 Herzensprojekte

1.

2.

3.

Meine Dankbarkeit

Dafür bin ich heute besonders dankbar, weil...

_____

_____

_____

_____

_____

Mein besonderer Glücksmoment

_____

_____

_____

_____

_____

TAG 4

Mein Tagesmotto

Meine 3 Herzensprojekte

1.

2.

3.

Meine Dankbarkeit

Dafür bin ich heute besonders dankbar, weil...

_____

_____

_____

_____

_____

Mein besonderer Glücksmoment

_____

_____

_____

_____

_____

TAG 5

Mein Tagesmotto

Meine 3 Herzensprojekte

1.

2.

3.

Meine Dankbarkeit

Dafür bin ich heute besonders dankbar, weil...

_____

_____

_____

_____

_____

Mein besonderer Glücksmoment

_____

_____

_____

_____

_____

TAG 6

Mein Tagesmotto

Meine 3 Herzensprojekte

1.

2.

3.

Meine Dankbarkeit

Dafür bin ich heute besonders dankbar, weil...

_____

_____

_____

_____

_____

Mein besonderer Glücksmoment

_____

_____

_____

_____

_____

TAG 7

Mein Tagesmotto

Meine 3 Herzensprojekte

1.

2.

3.

Meine Dankbarkeit

Dafür bin ich heute besonders dankbar, weil...

_____

_____

_____

_____

_____

Mein besonderer Glücksmoment

_____

_____

_____

_____

3. Woche

Meine Herzensprojekte

für diese Woche

_____

_____

_____

_____

_____

_____

_____

_____

_____

_____

_____

_____

_____

_____

_____

_____

_____

Glücklich ist nicht, wer hat, was er sich wünscht, sondern wer

nicht begehrt, was ihm das Schicksal versagt.

Lateinische Lebensweisheiten

TAG 1

Mein Tagesmotto

Meine 3 Herzensprojekte

1.

2.

3.

Meine Dankbarkeit

Dafür bin ich heute besonders dankbar, weil...

_____

_____

_____

_____

_____

Mein besonderer Glücksmoment

_____

_____

_____

_____

_____

TAG 2

Mein Tagesmotto

Meine 3 Herzensprojekte

1.

2.

3.

Meine Dankbarkeit

Dafür bin ich heute besonders dankbar, weil...

_____

_____

_____

_____

_____

Mein besonderer Glücksmoment

_____

_____

_____

_____

_____

TAG 3

Mein Tagesmotto

Meine 3 Herzensprojekte

1.

2.

3.

Meine Dankbarkeit

Dafür bin ich heute besonders dankbar, weil...

_____

_____

_____

_____

_____

Mein besonderer Glücksmoment

_____

_____

_____

_____

_____

TAG 4

Mein Tagesmotto

Meine 3 Herzensprojekte

1.

2.

3.

Meine Dankbarkeit

Dafür bin ich heute besonders dankbar, weil...

_____

_____

_____

_____

_____

Mein besonderer Glücksmoment

_____

_____

_____

_____

_____

TAG 5

Mein Tagesmotto

Meine 3 Herzensprojekte

1.

2.

3.

Meine Dankbarkeit

Dafür bin ich heute besonders dankbar, weil...

_____

_____

_____

_____

_____

Mein besonderer Glücksmoment

_____

_____

_____

_____

_____

TAG 6

Mein Tagesmotto

Meine 3 Herzensprojekte

1.

2.

3.

Meine Dankbarkeit

Dafür bin ich heute besonders dankbar, weil...

_____

_____

_____

_____

_____

Mein besonderer Glücksmoment

_____

_____

_____

_____

_____

TAG 7

Mein Tagesmotto

Meine 3 Herzensprojekte

1.

2.

3.

Meine Dankbarkeit

Dafür bin ich heute besonders dankbar, weil...

Mein besonderer Glücksmoment

4. Woche

Meine Herzensprojekte

für diese Woche

_____

_____

_____

_____

_____

_____

Halte nie einen für glücklich, der von äusseren Dingen abhängt

Seneca

TAG 1

Mein Tagesmotto

Meine 3 Herzensprojekte

1.

2.

3.

Meine Dankbarkeit

Dafür bin ich heute besonders dankbar, weil...

_____

_____

_____

_____

_____

Mein besonderer Glücksmoment

_____

_____

_____

_____

_____

TAG 2

Mein Tagesmotto

Meine 3 Herzensprojekte

1.

2.

3.

Meine Dankbarkeit

Dafür bin ich heute besonders dankbar, weil...

_____

_____

_____

_____

_____

Mein besonderer Glücksmoment

_____

_____

_____

_____

_____

TAG 3

Mein Tagesmotto

Meine 3 Herzensprojekte

1.

2.

3.

Meine Dankbarkeit

Dafür bin ich heute besonders dankbar, weil...

_____

_____

_____

_____

_____

Mein besonderer Glücksmoment

_____

_____

_____

_____

_____

TAG 4

Mein Tagesmotto

Meine 3 Herzensprojekte

1.

2.

3.

Meine Dankbarkeit

Dafür bin ich heute besonders dankbar, weil...

_____

_____

_____

_____

_____

Mein besonderer Glücksmoment

_____

_____

_____

_____

_____

TAG 5

Mein Tagesmotto

Meine 3 Herzensprojekte

1.

2.

3.

Meine Dankbarkeit

Dafür bin ich heute besonders dankbar, weil...

_____

_____

_____

_____

_____

Mein besonderer Glücksmoment

_____

_____

_____

_____

_____

TAG 6

Mein Tagesmotto

Meine 3 Herzensprojekte

1.

2.

3.

Meine Dankbarkeit

Dafür bin ich heute besonders dankbar, weil...

_____

_____

_____

_____

_____

Mein besonderer Glücksmoment

_____

_____

_____

_____

_____

TAG 7

Mein Tagesmotto

Meine 3 Herzensprojekte

1.

2.

3.

Meine Dankbarkeit

Dafür bin ich heute besonders dankbar, weil...

_____

_____

_____

_____

Mein besonderer Glücksmoment

_____

_____

_____

Tagesmotto

Falls du möchtest, darfst du dich von den untenstehenden Zitaten inspirieren. Jedes dieser Zitate und Sprüche kann dich zum Nachdenken anregen und zu deinem Tagesmotto werden. Die Reihenfolge ist zufällig gewählt.

Beispiele:

1. *Wer kämpft, kann verlieren. Wer nicht kämpft, hat schon verloren.*

   Bertolt Brecht

2. *Du kannst den Wind nicht ändern, aber du kannst die Segel anders setzen.*

   Aristoteles

3. *Die einzigen wirklichen Feinde eines Menschen sind seine eigenen negativen Gedanken.*

   Albert Einstein

4. *Heute verlasse ich meine Komfortzone*

5. *Lebenskunst besteht zu 90 Prozent aus der Fähigkeit, mit Menschen auszukommen, die man nicht leiden kann.*

   Samuel Goldwyn

6. *Die kürzeste Verbindung zwischen zwei Menschen ist ein Lächeln*

   Buddha

7. *Ärgere dich nicht über das, was andere über dich sagen oder denken.*

8. *Es nützt nichts ein guter Mensch zu sein, wenn man nichts tut.*

Buddha

9. *Ich arbeite an der Verwirklichung meiner Wünsche*

10. *Ich kenne keinen sicheren Weg zum Erfolg, aber einen sicheren Weg zum Misserfolg: Es allen recht machen zu wollen.*

Platon

11. *Es gibt eine Zeit für die Arbeit. Und es gibt eine Zeit für die Liebe. Mehr Zeit hat man nicht.*

Coco Chanel

12. *Den größten Fehler, den man im Leben machen kann, ist, immer Angst zu haben, einen Fehler zu machen.*

Dietrich Bonhoeffer

13. *Wer will, findet Wege. Wer nicht will, findet Gründe.*

Götz W. Werner

14. *Fast alles, was d tust, ist letzten Endes unwichtig. Aber es ist sehr wichtig, dass du es tust.*

Gandhi

15. *Wer im Leben kein Ziel hat, verläuft sich.*

Abraham Lincoln

16. *Glück entsteht oft durch Aufmerksamkeiten in kleinen Dingen.*

Wilhelm Busch

17. *Wenn das Leben keine Vision hat, nach der man strebt, nach der man sich sehnt. Die man verwirklichen möchte, dann gibt es auch kein Motiv, sich anzustrengen.*

Erich Fromm

18. *Ein Tag ohne Lächeln ist ein verlorener Tag.*

Charlie Chaplin

19. *Sei heute glücklich und verschiebe es nicht auf später. Kann sein, dass es kein später gibt.*

20. *Das Leben ist das, was passiert, während du dabei bist, andere Pläne zu machen.*

John Lennon

21. *Gehe ganz in deinen Handlungen auf und denke, es wäre deine letzte Tat.*

Buddha

22. *Alles Schwierige hat seinen Ursprung im Leichten – und alles Grosse im Kleinen*

Laotse

1. *Dein Leben ist zu kurz, um dich jeden Tag über irgendwelche Dinge aufzuregen.*

2. *Verweile nicht in der Vergangenheit, träume nicht von der Zukunft. Konzentriere dich auf den gegenwärtigen Moment.*

Buddha

3. *Ein neues Leben kannst du nicht anfangen, aber täglich einen neuen Tag.*

Henry David Thoreau

4. *Alles, was wir sind, ist das Ergebnis dessen, was wir dachten.*

Buddha

5. *Gib jedem Tag die Chance, der Schönste deines Lebens zu werden.*

Marc Twain

6. *Das grosse Glück ist die Summe kleiner Freuden*

Andreas Tenzer

7. *Der Edle ist ruhig und gelassen, der Gemeine ist immer in Sorge und Aufregung.*

Konfuzius

8. *Manche Menschen wittern überall Betrug und wappnen sich immer gegen dass Misstrauen, das ihnen andere entgegenbringen. Sie halten sich für besonders klug, weil sie die Schliche der Menschen kennen. Aber dieser beständige Argwohn verträgt sich nicht mit einem grossen Geist.*

Konfuzius

HIER DARFST DU DIR DEINE EIGENEN
ZITATE NOTIEREN:

_____

_____

_____

_____

_____

_____

_____

_____

_____

_____

_____

_____

_____

_____

_____

_____

_____

_____

_____

SCHLUSSWORT

Es gibt kein Ende ohne
einen neuen Anfang.

Dein Glückscoach ist nun gefüllt mit deinen wunderbaren, erlebten Glücksmomenten.

Immer wenn du in diesem Buch blätterst, wirst du dich wieder daran erinnern und ich wette, es wird ein glückliches Lächeln auf dein Gesicht zaubern.

Ich wünsche dir von ganzem Herzen, dass du immer dein eigener Glückscoach bleibst. Du allein bestimmst, wie, wann und ob du glücklich bist.

Lass nichts unversucht und sei deine beste Version.

Herzlichst,
MaLo Erpen

ÜBER DIE AUTORIN

Die Autorin lebt mit ihrem Mann in der südlichen Schweiz. Als Körpertherapeutin hat sie sich über Jahrzehnte mit unterschiedlichen Heil- und Entspannungsmethoden beschäftigt und sie weitergegeben.

Sie ist überzeugt, dass im Kleinen die Veränderung stattfindet. In ihren Übungsprogrammen und Büchern zeigt sie einfache Methoden, die innere Kraft zu finden und zu stärken.

Methoden, die anregen, sich selbst als Schöpfer des eigenen Glücks anzuerkennen.

www.coachdichgluecklich.ch

ISBN:
978-3-7482-0079-6 (Paperback)
978-3-7482-0080-2 (Hardcover)
978-3-7482-0081-9 (e-Book)

Zeitfracht Medien GmbH
Ferdinand-Jühlke-Straße 7
99095 Erfurt, Deutschland
produktsicherheit@kolibri360.de